LECTURES C

Vingt mille lieues sous les mers

Jules Verne

Adapté en français facile
par Brigitte Faucard-Martinez

© CLE International, 2017
ISBN : 978 209 031758 9

JULES VERNE naît le 8 février 1828 à Nantes. Vingt ans plus tard, il s'installe à Paris pour commencer ses études de droit et suivre la tradition familiale : son père est en effet un célèbre avocat. Mais Jules Verne n'a qu'une idée en tête : écrire.

Il commence par le théâtre et, grâce à sa rencontre avec Alexandre Dumas, sa comédie *Les Pailles rompues* peut être jouée.

Tout en continuant à travailler pour le théâtre, Jules Verne écrit ses premiers romans. En 1862, il publie *Cinq semaines en ballon*. Cette œuvre connaît immédiatement un grand succès.

Encouragé par ces résultats, Jules Verne ne cesse alors de travailler. *Les Aventures du capitaine Hatteras* (1864), *Les Enfants du capitaine Grant* (1867-1868), *Vingt mille lieues sous les mers* (1870), *Le Tour du monde en quatre-vingts jours* (1873), *Un capitaine de quinze ans* (1878), *Deux ans de vacances* (1888) et bien d'autres romans sont publiés pour la grande joie de ses lecteurs.

Il meurt à Amiens le 24 mars 1905.

Dans *Vingt mille lieues sous les mers*, Jules Verne nous fait voyager dans le monde mystérieux et fascinant des océans. Tout au long du roman, l'auteur nous fait découvrir une faune[1] et une flore[2] à la fois extraordinaires et fantastiques.

Mais ce roman ne serait pas complet sans son personnage mythique, le capitaine Nemo, inventeur génial du sous-marin *Le Nautilus*, personnage que Jules Verne nous permet de retrouver dans un autre de ces romans : *L'Île mystérieuse*.

L'image du capitaine Nemo, cet homme à la fois humanitaire et misanthrope[3], marque en effet chaque page du roman ; c'est à travers lui que les secrets de la mer nous sont dévoilés et, tout comme Aronnax, le narrateur de l'histoire, nous avons souvent le sentiment, au cours de notre lecture, d'être « prisonnier » de Nemo et de son *Nautilus*.

---

1. Faune : animaux de la mer.
2. Flore : plantes de la mer.
3. Misanthrope : personne qui n'aime pas la compagnie des autres.

Les mots ou expressions suivis d'un astérisque* dans le texte sont expliqués dans le Vocabulaire, page 59.

CHAPITRE I

PISTE 1

Nous sommes en 1866. Depuis quelque temps, un événement étrange se produit ; un phénomène inexpliqué qu'on n'est pas près d'oublier.

En effet, plusieurs navires* ont rencontré, en mer, « une chose énorme », beaucoup plus grande et rapide qu'une baleine*. De quoi s'agit-il ? Personne ne le sait. Mais les langues vont bon train[1] et bientôt on ne parle plus que de ce monstre marin.

Le temps passe et le « monstre » continue à faire de temps en temps son apparition.

Le 13 avril 1867, un navire, du nom de *Scotia*, rencontre aussi le « monstre » mais, en plus, il est heurté par lui ce qui lui cause de nombreux dégâts.

L'affaire devient inquiétante et on décide de réagir.

Une solution est proposée par l'Amérique : il faut se débarrasser du monstre. On fait donc les préparatifs d'une expédition destinée à le poursuivre.

Peu avant, alors que j'étais à New York, comme j'ai déjà publié un livre intitulé *Les Mystères des fonds*

---

1. Les langues vont bon train : les gens parlent beaucoup.

sous-marins, le *New York Herald* m'a demandé d'écrire un article pour donner mon opinion sur le problème.

J'ai déjà examiné plusieurs hypothèses sur cet événement et j'en suis arrivé à la conclusion qu'il s'agit d'un narval* géant. C'est ce que j'ai expliqué dans mon article.

Trois heures avant le départ de l'*Abraham Lincoln*, le bateau chargé de l'expédition, je reçois chez moi la lettre suivante :

Monsieur Aronnax, professeur au Muséum de Paris

Hôtel de la 5ᵉ avenue, New York

Monsieur,

*Si vous voulez vous joindre à l'expédition de l'*Abraham Lincoln, *nous serons heureux que la France soit représentée dans cette entreprise. Le commandant* Farragut a une cabine* à votre disposition.*

Très cordialement,
J.B. Hobson,
Secrétaire de la Marine*

J'accepte immédiatement l'offre du gouvernement américain.

Je fais tout de suite mes bagages avec l'aide de mon fidèle domestique, Conseil, un homme fort et calme d'une trentaine d'années, dix ans plus jeune que moi.

CHAPITRE II

PISTE 2

*U*N QUART D'HEURE APRÈS, nous quittons l'hôtel et nous nous rendons sur le bateau. Je demande aussitôt à voir le commandant Farragut. Un des marins* me conduit sur le pont* où je me trouve en présence d'un homme à l'air aimable qui me tend la main.

– Monsieur Pierre Aronnax ? me dit-il.

– Lui-même. Le commandant Farragut ?

– En personne. Soyez le bienvenu, monsieur le professeur. Votre cabine vous attend.

Je salue le commandant et vais m'installer dans ma cabine que je trouve parfaite.

– Nous serons bien ici, dis-je à Conseil.

– Tout à fait, monsieur, me répond celui-ci.

Je laisse Conseil défaire nos bagages et je remonte sur le pont pour suivre les préparatifs de départ du bateau.

Le commandant Farragut est un bon marin, digne du navire qu'il commande.

En ce qui concerne le « monstre », aucun doute pour lui. C'est un cétacé* et il va se battre contre lui pour en délivrer les mers. Il a donc emporté dans son bateau des appareils destinés à pêcher le gigantesque cétacé : harpons[1], flèches, balles explosives, etc. Tous les moyens de destruction sont là. Mais il y a mieux encore. Il y a Ned Land, le roi des harponneurs[2].

Ned Land est un Canadien, du Québec, d'environ quarante ans, grand, fort et qui est le meilleur dans son métier.

Le commandant Farragut l'a engagé pour son adresse et son sang-froid[3]. Il faut être une baleine bien habile pour échapper à son coup de harpon.

Au bout de quelques jours, je peux dire que, Ned et moi, sans doute parce que nous parlons tous les deux le français, sommes devenus amis. J'ai beaucoup de plaisir à écouter ses récits de pêche en mer.

Le 30 juin, c'est-à-dire trois semaines après notre départ, le navire se trouve à la hauteur du cap Blanc. Jusque-là, le voyage s'est fait sans aucun incident. Nous rencontrons des bateaux de pêche américains qui nous apprennent qu'il n'y a aucune nouvelle du narval.

Nous poursuivons notre route. Le temps est favorable et le voyage se fait dans les meilleures conditions.

Le 20 juillet, le navire traverse le tropique du Cancer et se dirige vers les mers de Chine. C'est là que le cétacé est apparu pour la dernière fois !

---

1. Harpon : instrument qui a la forme d'une longue flèche.
2. Harponneur : personne qui pêche avec un harpon.
3. Sang-froid : calme

Pour tout dire, on ne vit plus à bord ! Vingt fois par jour, on examine la mer pour voir s'il apparaît. On croit le voir mais en vain.

Cette recherche inutile se produit pendant des mois. Le découragement[1] s'empare de tous.

Le 2 novembre, le commandant Farragut prend une décision. Si dans trois jours le monstre n'est pas apparu, le navire reprendra le chemin du retour.

Deux jours passent.

Demain, à midi, expire le délai fixé par le commandant.

La nuit approche. De gros nuages cachent la lune. Je suis appuyé à l'avant sur le bastingage* de tribord*. Conseil, posté près de moi, regarde devant lui.

– Que de temps perdu, lui dis-je, que d'émotions inutiles !

– Vous avez raison, monsieur, mais...

Conseil ne peut finir sa phrase. Au milieu du silence général, on entend la voix de Ned Land qui s'écrie :

– Le voilà ! Devant nous !

À ce cri, nous nous précipitons tous vers le harponneur.

L'obscurité est profonde et je me demande comment Ned a pu le voir. Mais il ne s'est pas trompé et tous, nous apercevons l'objet qu'il indique de la main.

À environ 500 mètres du navire, la mer semble être

---

1. Découragement : sentiment de tristesse que l'on éprouve quand on perd courage.

illuminée par-dessous. C'est le monstre qui, immergé à quelques mètres de la surface des eaux, projette cet éclat intense mais inexplicable.

— Ce n'est qu'un groupe de molécules phosphorescentes[1], s'écrie un membre de l'équipage*.

— Non, monsieur, dis-je. Cet éclat est électrique... D'ailleurs, voyez, voyez ! Il se déplace ! Il bouge en avant, en arrière ! Il s'élance sur nous !

— Machine en arrière ! s'écrie le commandant Farragut.

Les ordres sont immédiatement exécutés et le navire décrit un demi-cercle et s'éloigne du point lumineux. Mais je vois alors l'étrange animal se rapprocher de lui à une grande vitesse.

Le navire continue de fuir mais n'attaque pas. Étonné, j'en fais la remarque au commandant.

— Monsieur Aronnax, me répond-il, je préfère attendre le jour pour attaquer car nous sommes face à un puissant ennemi.

— Vous n'avez pas de doute sur la nature de l'animal, commandant ?

— Non, monsieur. C'est un narval gigantesque mais aussi un narval électrique.

Vers minuit, l'animal disparaît. Est-ce qu'il s'est enfui ?

Cependant, personne ne pense à dormir et on

---

1. Phosphorescent : qui donne de la lumière dans l'obscurité.

attend tous le lever du jour en faisant les préparatifs du combat.

À huit heures, il fait enfin jour. On examine l'horizon mais on ne voit rien.

La journée se passe sans autre nouvelle.

Enfin, le soir venu, Ned s'écrie tout à coup :
– Il est là, à bâbord*, par derrière !

Nous regardons tous vers le point indiqué. Là, à plusieurs mètres de nous, la clarté électrique de la veille est de nouveau apparue et nous distinguons un corps noir qui émerge[1] d'un mètre au-dessus de l'eau.

– Tout le monde est prêt ? demande le commandant. Alors, à l'attaque !

L'heure de la lutte a sonné.

Le navire se dirige sans bruit vers l'animal. On ne respire plus à bord. Un silence profond règne sur le pont. Ned Land, accroché d'une main au bastingage, lève son terrible harpon de l'autre. Tout à coup, son bras se détend et le harpon est lancé. J'entends le choc sonore de l'arme qui vient de toucher un corps dur.

La clarté électrique s'éteint alors et deux énormes jets d'eau tombent violemment sur le pont du navire, faisant tomber les hommes.

Un terrible choc se produit et, soudain, je suis précipité dans la mer.

Je suis d'abord entraîné à une certaine profondeur

---

1. Émerger : sortir de l'eau.

mais, comme je suis assez bon nageur, je parviens à remonter à la surface.

Je regarde autour de moi. La nuit est très obscure. J'aperçois l'*Abraham Lincoln* qui s'éloigne. Je me mets à crier :

– À moi ! À moi !

Mais en vain. Mes vêtements collent à mon corps et paralysent mes mouvements. Je coule. Soudain, mes vêtements sont saisis par une main forte et je me sens ramené à la surface. J'entends une voix familière me dire :

– Si monsieur veut bien s'appuyer sur mon épaule, il nagera beaucoup plus facilement.

Je saisis d'une main le bras de mon fidèle Conseil.

– Toi ! dis-je, toi ! Le choc t'a précipité dans l'eau en même temps que moi ?

– Non, monsieur, mais comme je suis à votre service, je vous ai suivi.

– Merci, mon ami et le navire ?

– Quand vous êtes tombé à la mer, le gouvernail* a été brisé par les dents du monstre ; le bateau ne répond plus.

– Alors, nous sommes perdus ! dis-je.

Nous continuons à nager. Comme nos vêtements nous gênent, nous nous aidons à retirer le plus lourd et nous reprenons notre nage.

Vers une heure du matin, je me sens épuisé. Conseil doit me soutenir.

La lune se lève alors et j'aperçois au loin le navire

mais aucune barque* à la mer.

Conseil crie de temps en temps :

– À nous ! À nous !

Tout à coup, j'ai l'impression qu'un cri répond à celui de Conseil.

– As-tu entendu ? dis-je à Conseil.

– Oui ! Oui !

Et Conseil pousse à nouveau un cri désespéré.

Cette fois, pas d'erreur possible ! Une voix humaine répond à la nôtre.

Conseil s'appuie sur mon épaule et se dresse en dehors de l'eau.

– Qu'as-tu vu ?

– J'ai vu... murmure-t-il... mais ne parlons pas, gardons toutes nos forces !...

Et nous nous remettons à nager.

Soudain, je heurte un corps dur et je m'évanouis. Peu après, je reviens à moi.

– Conseil ! dis-je.

C'est alors que j'aperçois un visage qui n'est pas celui de Conseil mais que je reconnais aussitôt.

– Ned !

– En personne, monsieur.

– Vous avez aussi été précipité à la mer ?

– Oui, monsieur, mais j'ai eu plus de chance que vous, car j'ai pu assez vite me réfugier sur un îlot flottant.

– Un îlot ?

– Oui, ou pour mieux dire, sur notre énorme narval. Et je sais pourquoi mon harpon n'a pas pu le blesser : c'est parce qu'il est en acier.

Je suis très surpris d'entendre ce que dit le Canadien.

Je me souviens alors d'avoir heurté un corps dur et je me rends enfin compte que je suis couché sur ce corps dur. Je le touche et le doute n'est plus possible. L'animal, le monstre a été fait par la main de l'homme. Nous sommes sur le dos d'un bateau sousmarin !

– Mais alors, dis-je à Ned, cet appareil doit avoir un mécanisme pour se déplacer et des hommes pour le manœuvrer.

– C'est évident, répond Ned. Pourtant, voilà trois heures que je suis ici et il ne s'est rien passé.

– Ce bateau n'a pas marché ?

– Non, monsieur Aronnax. Il ne bouge pas.

C'est alors qu'on entend un bruit venant du bateau et il se met en mouvement. Nous avons juste le temps de nous accrocher à sa partie supérieure qui sort légèrement de l'eau.

– Tant qu'il navigue horizontalement, dit Ned, tout va bien. Mais s'il plonge, alors...

Je comprends qu'il devient urgent de nous mettre en contact avec les hommes de cette machine. Je cherche un panneau[1], une ouverture pour pouvoir entrer. Mais en vain. D'autre part, la lune vient de dis-

---

1. Panneau : surface plane (porte) que l'on peut ouvrir ou fermer.

paraître et nous sommes plongés dans une profonde obscurité.

Il est maintenant impossible d'être sauvés par le commandant de l'*Abraham Lincoln*. Il nous faut attendre la possibilité de nous mettre en contact avec les hommes de l'étrange machine.

Vers quatre heures du matin, l'appareil se met à avancer plus vite. Nous nous accrochons encore plus fortement pour ne pas tomber dans l'eau.

Enfin, cette longue nuit se termine. Le jour paraît.

Je commence à examiner l'appareil quand je sens qu'il commence à s'enfoncer dans l'eau.

Ned se met à frapper dessus en appelant au secours.

Soudain, un bruit se fait entendre, un panneau se soulève et un homme apparaît. En nous voyant, il pousse un cri et rentre dans la machine.

Quelques instants plus tard, huit hommes apparaissent à leur tour et nous font entrer dans le formidable appareil.

CHAPITRE III

PISTE 3

*D*ÈS QUE LE PANNEAU SE REFERME SUR MOI, on nous conduit dans une cabine que l'on referme aussitôt à clé, nous laissant tous les trois seuls. Avec les hommes qui nous ont conduits jusque-là, nous n'avons pas échangé un seul mot.

Ned est en colère.

– Voilà des peronnes peu aimables et qui ne savent pas accueillir les gens ! Nous traiter de cette façon !

– Calmez-vous, lui répond Conseil, et attendons patiemment la suite des événements.

Une demi-heure plus tard, on entend un bruit de verrous[1] et deux hommes entrent dans la cabine.

L'un est petit et très musclé. L'autre est grand et il a l'air fier et supérieur. Par son aspect, il semble être le chef à bord.

Il commence à nous examiner avec attention sans prononcer une parole. Puis il se tourne vers son compagnon et lui parle dans une langue que je ne comprends pas.

L'autre répond avec un hochement de tête puis, du regard, il semble m'interroger.

---

1. Verrou : système de fermeture qui permet de bloquer une porte.

– Que monsieur raconte notre histoire, me dit Conseil, ils comprendront peut-être quelque chose.

Je me présente et présente mes compagnons puis je me mets à raconter nos aventures.

L'homme qui semble être le chef m'écoute tranquillement mais ne prononce pas une parole. Quand j'ai fini mon récit, les deux hommes sortent de la cabine et ferment à nouveau les verrous.

La colère de Ned est encore plus forte.

– Ces hommes-là ont un étrange comportement. Ce sont sûrement des coquins[1]...

– Bon ! dis-je et de quel pays ?

– Je l'ignore. Mais j'ai l'impression qu'ils ont un langage à eux pour qu'on ne les comprenne pas mais qu'eux, par contre, nous comprennent parfaitement. Et puis, j'ai faim, vont-ils nous servir à manger ?

Comme il dit ces mots, la porte s'ouvre et un homme vient mettre des couverts en argent sur la table.

Peu après, on nous sert un excellent repas, composé surtout de poissons.

Le service de table est très élégant et d'un goût parfait. Chaque ustensile de table porte la devise suivante :

MOBILIS IN MOBILE
N

Mobile dans l'élément mobile ! Cette devise s'ap-

---

1. Coquin : mauvaise personne, brigand.

plique à l'appareil, sans aucun doute, mais la lettre *N* reste une énigme.

Ned et Conseil ne se posent pas autant de questions que moi. Affamés, ils mangent tout ce qu'on nous sert.

Après le repas, on débarrasse la table et on nous enferme.

Ned et Conseil décident alors de dormir ; ils s'allongent sur le tapis qui couvre le sol de la cabine et s'endorment aussitôt.

En ce qui me concerne, j'ai plus de mal à m'endormir mais la fatigue me gagne bientôt et je tombe dans un profond sommeil.

Je dois dormir longtemps car, quand je me réveille, je me sens parfaitement reposé. Mes compagnons dorment toujours.

Rien n'a changé pendant mon sommeil. Je reste un moment allongé à réfléchir.

Conseil et Ned se réveillent presque en même temps.

– Monsieur a bien dormi ? me demande Conseil.

– Très bien, merci.

– Il doit être l'heure de dîner, dit Ned.

– Ou, mieux dit, de déjeuner, dis-je, car nous avons dormi au moins vingt-quatre heures, il me semble.

C'est alors qu'on entend le bruit des verrous qu'on ouvre. Le commandant entre avec un autre homme.

– Messieurs, dit-il en français d'une voix très calme.

En voyant notre air étonné en l'entendant parler français, il ajoute :

– Eh oui, je parle le français, l'anglais, l'allemand et le latin. J'aurais pu vous parler français hier, mais je voulais d'abord vous entendre puis réfléchir. Je sais maintenant qui vous êtes tous les trois. J'ai mis longtemps à venir vous trouver car je voulais prendre une décision à votre sujet. J'ai longtemps hésité. Je ne savais pas si je devais vous garder ou si je devais me séparer de vous. J'ai décidé de vous garder. Vous serez libres d'aller, de venir, de voir et d'observer tout ce qui se passe ici, mais vous ne pourrez plus sortir d'ici.

– Mais, cela signifie que nous sommes vos prisonniers !

– En quelque sorte. Vous connaissez maintenant le secret de mon existence et personne ne doit le connaître. Je me suis coupé du monde pour des raisons qui ne concernent que moi et je ne veux pas que l'on sache où je vis et comment je vis.

– Ainsi, vous nous donnez à choisir entre la vie ici ou la mort, dis-je.

– Tout simplement.

– Parfait. Il n'y a pas grand chose à répondre à ça. Mais sachez que rien ne nous unit à vous.

– Bien.

Puis le commandant ajoute d'une voix plus douce :

– Je vous connais, monsieur Aronnax, et je sais que vous serez heureux d'être ici. Vous trouverez, parmi les livres que j'utilise pour mes études, votre livre sur les fonds marins, que j'ai souvent lu. Il est très intéressant mais vous ne savez pas tout, vous n'avez pas tout vu. En restant à mon bord, professeur, vous découvrirez des choses incroyables. Vous allez voyager dans le pays des merveilles.

J'avoue que les paroles du commandant font beaucoup d'effet sur moi. Je me sens à la fois fâché par sa manière de nous traiter et fasciné par ce qu'il nous raconte.

– Monsieur, nous restons donc à votre bord puisqu'il n'y a pas d'autre possibilité et j'espère que notre rencontre nous apportera à tous de grandes choses. Une dernière question, si vous me permettez.

– Parlez, monsieur le professeur.

– Comment dois-je vous appeler ?

– Je suis le capitaine* Nemo et vous voyagez avec moi dans le *Nautilus*.

Le capitaine Nemo appelle un marin. Il lui parle dans cette langue que je ne comprends pas. Puis il dit à Conseil et Ned :

– Un repas vous attend dans votre cabine. Suivez cet homme, je vous prie.

Puis il me dit :

– Et maintenant, monsieur Aronnax, notre déjeuner est prêt, accompagnez-moi, s'il vous plaît.

– À vos ordres, capitaine.

Je suis le capitaine Nemo. Nous entrons dans une salle à manger. Au centre de la pièce, il y a une table richement servie.

Le capitaine Nemo me montre ma place et me dit :
— Asseyez-vous, je vous prie, et mangez comme un homme qui doit mourir de faim.

Tous les plats qui composent le déjeuner sont excellents et très fins.

— Tous ces aliments viennent de la mer ? dis-je au capitaine Nemo.

— Oui, monsieur le professeur. La mer fournit à tous mes besoins[1]. Elle me permet de me nourrir d'une façon très saine mais aussi de m'habiller. Tout ici est fait avec des produits de la mer.

— Vous aimez la mer, capitaine.

— Oui, je l'aime ! La mer est tout pour moi !

Le repas terminé, le capitaine me dit :

— Maintenant, monsieur le professeur, je vais vous faire visiter le *Nautilus*.

Le capitaine se lève. Je le suis. J'entre dans une bibliothèque. Elle est pleine de livres. Je commence à les regarder.

— Capitaine Nemo, dis-je, cette bibliothèque est merveilleuse. Vous possédez au moins six ou sept mille livres.

— Douze mille, professeur. Ces livres sont à votre disposition pour poursuivre vos études, si vous le désirez.

— Merci, capitaine. Je vois que vous avez plusieurs livres de sciences fort intéressants.

---

1. Fournir aux besoins de quelqu'un : donner à quelqu'un toutes les choses dont il a besoin.

Cette bibliothèque n'a pas seulement des livres extrordinaires mais aussi des tableaux merveilleux et un orgue[1]. Il me semble incroyable de trouver tout cela dans un bateau qui navigue sur les océans.

J'observe tout et je dois dire que je suis totalement fasciné.

Le capitaine Nemo a également un petit musée composé de pièces qui proviennent de la mer : plantes, coquillages*... des objets extraordinaires.

– Vous examinez mes coquillages, monsieur le professeur, ils sont intéressants, n'est-ce pas ?

– En effet, capitaine. Aucun muséum d'Europe ne possède une si belle collection de produits de l'océan. Je vous remercie de me faire découvrir tout cela et de me permettre de les étudier.

Après être resté un long moment dans la bibliothèque, nous visitons le reste du *Nautilus* puis le capitaine Nemo me conduit dans ma cabine qui se trouve à côté de la sienne. C'est une cabine élégante et très confortable.

Je remercie le capitaine Nemo et je commence à m'installer dans cet étrange bateau.

---

1. Orgue : grand instrument de musique qui ressemble à un piano et qui est composé de tuyaux.

CHAPITRE IV

PISTE 4

*M*A VIE COMMENCE SUR LE *NAUTILUS*. Je passe mes journées à étudier les livres du capitaine et à bavarder avec mes compagnons d'aventures. Je vois très peu le capitaine Nemo.

Le 10 novembre, je me réveille après un long sommeil de douze heures. Conseil vient, comme d'habitude, me proposer ses services.

Je prends mon petit déjeuner avec lui et Ned. Puis je me rends à la bibliothèque, où il n'y a personne, et je me mets à étudier la collection d'objets marins du capitaine. Je fais des croquis[1] et prends des notes.

La journée se passe de cette façon.

Le 11 novembre, de grand matin, je sens l'air frais à l'intérieur du *Nautilus* et je comprends que nous sommes remontés à la surface de l'océan.

Je m'habille rapidement, je me dirige vers l'escalier central et je monte sur la plate-forme[2].

Il est six heures du matin. Le temps est couvert mais la mer est calme. Je reste un moment à respirer l'air marin puis je redescends dans ma cabine et commence mes activités.

---

1. Croquis : dessins.
2. Plate-forme : surface plate sur le dos du sous-marin.

Cinq jours se passent ainsi. Chaque matin, je monte sur la plate-forme puis je me remets à étudier. Je ne rencontre jamais le capitaine Nemo.

Le 16 novembre, alors que je rentre dans ma cabine avec Conseil et Ned, je trouve une lettre sur ma table.

Je l'ouvre aussitôt. Voilà ce qu'elle dit :
Monsieur le professeur Aronnax,
16 novembre

Le capitaine Nemo vous invite, ainsi que vos amis, à une partie de chasse qui aura lieu demain matin. J'espère que vous accepterez son invitation.
Le commandant du Nautilus,
Capitaine Nemo.

– Une chasse ! s'écrie Ned. Il va donc à terre.

– Apparemment ! dis-je. Nous acceptons, n'est-ce pas ?

– Oui, répond Ned car j'ai vraiment envie de manger un peu de viande fraîche. Je suis fatigué de tous ces poissons.

Le lendemain, 17 novembre, à mon réveil, je sens que le *Nautilus* est immobile. Je m'habille rapidement et descends dans la bibliothèque.

Le capitaine Nemo est là. Il m'attend, se lève, salue et me demande de l'accompagner.

– Puis-je vous poser une question ? dis-je.

– Naturellement. Je vous écoute.

– Vous avez coupé avec la terre, m'avez-vous dit un jour, alors pourquoi allons-nous faire une partie de chasse sur la terre ?

– Parce que cette partie de chasse ne va pas se faire sur la terre, mais dans la mer.

– Dans la mer ? Comment ? À pied ?

– En effet, à pied et avec un fusil à la main.

Je regarde le capitaine avec un drôle d'air. Il s'en rend compte mais ne dit rien.

Nous entrons dans la salle à manger et le capitaine Nemo m'invite à prendre le petit déjeuner avec lui.

– Mangez bien car nous dînerons sûrement très tard.

Nous mangeons sans échanger d'autres paroles.

Puis le capitaine me dit :

– Quand je vous ai dit que nous allions chasser dans la mer, professeur, vous m'avez regardé comme si j'étais fou...

– Mais, capitaine...

– Écoutez-moi. L'homme peut vivre sous l'eau s'il emporte avec lui sa provision d'air. Eh bien, le *Nautilus* a tout pour pouvoir se promener tranquillement pendant neuf ou dix heures... et, pour chasser, nous utiliserons un fusil à vent.

– Vous avez donc tout prévu pour vivre éternellement sous l'eau.

– C'est bien cela, professeur. Il est temps de nous préparer.

Le capitaine me conduit vers l'arrière du *Nautilus*.

En passant devant la cabine de Ned et de Conseil, je les appelle pour qu'ils nous suivent.

Nous arrivons dans une cabine. Là, une douzaine de scaphandres[1] nous attend. En les voyant, Ned fait une grimace.

– Eh oui, mon bon Ned, dis-je, la promenade est sous-marine.

Deux marins nous aident à mettre nos scaphandres puis nous donnent un fusil à chacun.

On nous conduit ensuite dans une autre cabine. On referme alors la porte et une profonde obscurité nous envahit.

Depuis la veille, le *Nautilus* est de nouveau dans le fond de la mer.

Tout à coup, on ouvre une porte percée dans le mur du sous-marin et un instant après, nous marchons sur le fond de la mer.

Le capitaine Nemo marche devant avec un autre marin. Ned, Conseil et moi nous marchons derrière.

Le scaphandre, que j'ai trouvé très lourd quand je l'ai mis, ne pèse plus du tout dans l'eau.

Nous marchons sur un sable fin.

Tout ce que je vois autour de moi –les poissons, les algues– me semble merveilleux.

Nous marchons depuis une heure environ.

En ce moment, nous descendons une pente puis

---

1. Scaphandre : équipement composé d'un casque et d'une combinaison pour respirer sous l'eau.

nous arrivons à l'entrée d'une forêt de plantes marines.

Nous marchons pendant un moment au milieu de ces plantes extraordinaires.

À une heure, le capitaine ordonne de se reposer et nous nous étendons sur le sable, entre ces arbres magiques.

Ce repos me paraît délicieux.

Au bout d'un moment, mes yeux se ferment et je dors un peu. Combien de temps, je l'ignore mais, quand j'ouvre les yeux, le capitaine s'est déjà relevé. Je commence à m'étirer quand une apparition inattendue m'oblige à me lever rapidement.

À quelques mètres de moi, une monstrueuse araignée de mer*, haute de un mètre, me regarde, prête à se jeter sur moi.

Conseil et le marin du *Nautilus* se réveillent à ce moment-là. Le capitaine Nemo montre l'horrible bête à son compagnon qui la tue aussitôt d'un coup donné avec la crosse[1] de son fusil.

Cette apparition me fait penser qu'il peut y avoir d'autres monstres dans ces fonds marins et je décide de faire plus attention quand nous reprendrons notre route.

Au bout d'un moment, le capitaine Nemo nous indique qu'il est temps de rentrer.

---

1. Crosse d'un fusil : partie du fusil que l'on pose sur l'épaule pour tirer.

Nous repartons par une autre route plus courte mais aussi plus pénible.

Nous avançons au milieu de poissons de toutes les espèces, que le compagnon du capitaine chasse de temps en temps pour les rapporter au sous-marin.

Soudain, je vois le capitaine préparer son fusil et tirer. Un animal tombe sur le sable à quelques pas de nous.

C'est une magnifique loutre de mer*. Le compagnon du capitaine la charge sur son épaule et nous nous remettons en route.

Nous marchons pendant un bon moment. Nous devons être près du *Nautilus*.

Tout à coup, le capitaine Nemo se précipite sur moi et m'oblige à me coucher par terre. Son compagnon fait de même avec Ned et Conseil. Je suis un peu surpris mais je me rassure en voyant le capitaine se coucher près de moi puis me montrer quelque chose au-dessus de nous. Je vois alors passer deux énormes masses[1]. C'est un couple de tintoréas, des requins* terribles, à la queue énorme.

Heureusement, ces animaux voraces[2] voient mal. Ils passent sans nous apercevoir.

Une fois le danger passé, nous reprenons notre route. Une demi-heure plus tard, nous arrivons au *Nautilus*.

Là, nous retirons nos habits et, après un bon dîner, nous allons nous coucher, épuisés mais émerveillés de cette surprenante excursion au fond de la mer.

---

1. Masse : chose énorme qui n'a pas une forme définie.
2. Vorace : qui mange beaucoup, dévore.

CHAPITRE V

PISTE 5

*L*E TEMPS PASSE et nous continuons notre vie à bord du *Nautilus*. Mes recherches avancent et je découvre des choses passionnantes que j'ignorais sur les fonds marins. Conseil m'aide souvent dans mes travaux.

Ned est celui d'entre nous qui a le plus de mal à vivre la situation dans laquelle nous nous trouvons. Il rêve de revenir sur la terre. Je parle souvent avec lui et lui conseille d'être patient.

Le 1er janvier 1868, de bon matin, Conseil vient me trouver sur la plate-forme pour me souhaiter une bonne année.

Nous sommes dans la mer de Corail, sur la côte nord-est de l'Australie.

Le 4 janvier, nous nous trouvons près des côtes de Papouasie. Le capitaine Nemo m'apprend alors qu'il a l'intention de gagner l'océan Indien par le détroit de Torrès.

Ce détroit est fort dangereux. Le jour où nous le traversons, la mer est très mauvaise. Je reste avec mes amis sur la plate-forme du sous-marin pour observer ce qui se passe. Tout commence très bien mais soudain, un choc me renverse. Le *Nautilus*, que dirige le capitaine, vient de toucher un écueil[1] et il reste immobile.

Quand je me relève, j'aperçois sur la plate-forme le capitaine Nemo et l'un de ses marins qui sont en train d'examiner la situation.

– Un accident ? dis-je au capitaine.

– Non, un incident, me répond-il. Nous allons vite réparer cela. Dans 5 jours, nous repartirons.

Sur ce, le capitaine et son aide retournent à l'intérieur du sous-marin.

– Eh bien ! monsieur ? me dit Ned.

– Eh bien, mon ami, dans cinq jours, apparemment, nous repartons.

– Il y a une île, là-bas, je vois les arbres. Il y a aussi sûrement des animaux. J'ai bien envie de faire une petite partie de chasse mais, cette fois, sur terre.

– L'idée de Ned me plaît, dit Conseil. Monsieur, pourquoi vous ne demandez pas au capitaine Nemo de nous transporter à terre ?

– Je peux le lui demander, dis-je, mais je crois qu'il va refuser.

À ma grande surprise, le capitaine accepte ma proposition sans aucun problème. Il faut dire aussi qu'il n'y a aucun danger de s'échapper.

Le lendemain, on met un canot* à notre disposition et, armés de haches et de fusils, nous nous dirigeons vers l'île.

---

1. Écueil : rocher qui se trouve à ras de l'eau.

Mes amis et moi, nous sommes très impressionnés de toucher la terre. Il n'y a que deux mois que nous sommes les « prisonniers » du capitaine Nemo et, pourtant, j'ai l'impression de vivre dans le *Nautilus* depuis très longtemps.

Nous commençons notre excursion sur l'île.

Nous trouvons bientôt des noix de coco que nous cassons aussitôt pour en boire le lait.

– Excellent ! dit Ned.

– Exquis ! ajoute Conseil.

– Je ne crois pas que le capitaine dira quelque chose si nous rapportons quelques noix de coco à bord, dit le Canadien.

– Non, dis-je, mais il n'en mangera pas.

– Tant pis pour lui ! dit Conseil.

– Continuons notre excursion, dis-je en riant. Cherchons plus de fruits pour ramener à bord.

C'est ce que nous faisons et bientôt nous avons une grande provision de bananes, de mangues et d'ananas.

– Parfait, dis-je. Voilà de quoi être satisfait.

– Pas tout à fait, monsieur, dit Ned, il manque la viande...

– Bien, alors cherchons quelques animaux.

Et nous reprenons notre route. Nous traversons une plaine[1] couverte de buissons[2]. Je vois alors des oiseaux magnifiques s'élever dans le ciel.

---

1. Plaine : étendue de pays plate et peu élevée.
2. Buisson : groupe de petits arbres serrés les uns contre les autres.

– Des oiseaux du paradis ! dis-je. Ned, pourriez-vous en prendre un pour moi ?

– Nous essaierons, me répond le Canadien.

Soudain, je vois Conseil s'approcher avec l'un de ces oiseaux dans la main.

– Bravo, Conseil, mais comment as-tu fait ?

– Ce n'était pas très compliqué, répond Conseil. Cet oiseau est ivre[1] de muscade[2] qu'il dévorait quand je l'ai pris.

– Merci, mon ami.

Mais le temps passe et il faut poursuivre la chasse car nous devons rentrer sur le *Nautilus*.

Ned trouve enfin les animaux qu'il rêvait de rapporter au sous-marin : des pigeons, un cochon des bois et même une petite troupe de kangourous.

Nous sommes très satisfaits de notre chasse et nous retournons heureux sur le *Nautilus* où Ned se charge de préparer tous ces animaux pour les conserver et pouvoir les consommer peu à peu.

Comme prévu, le *Nautilus* reprend son voyage le 9 janvier.

---

1. Ivre : qui a trop bu, ici, qui a trop mangé de muscade.
2. Muscade : graine du fruit d'un arbre exotique, épice.

CHAPITRE VI

PISTE 6

Le 28 janvier, je constate que nous sommes près de l'île de Ceylan. Je me rends alors dans la bibliothèque pour chercher un livre qui parle de cette île.

Je suis en train d'examiner une carte quand le capitaine Nemo apparaît. Il jette un coup d'œil sur la carte et me dit :

– L'île de Ceylan, une terre célèbre pour ses perles. Aimeriez-vous aller en pêcher, professeur ?

– Sans aucun doute, capitaine.

– Vous n'avez pas peur des requins, n'est-ce pas ?

– Des requins ? dis-je. J'avoue que je n'aime pas beaucoup ces animaux.

– Nous sommes habitués à eux, nous autres, et nous serons armés pendant notre excursion alors, aucun problème. Donc, rendez-vous demain matin, de très bonne heure.

Le lendemain, à quatre heures du matin, je suis réveillé par un marin. Je m'habille rapidement et je vais dans la salle à manger.

Le capitaine Nemo m'attend.

– Monsieur Aronnax, me dit-il, vous êtes prêt à partir ?

– Je suis prêt.
– Alors, suivez-moi.
– Et mes compagnons, capitaine ?
– Ils sont prévenus et nous attendent, me répond le capitaine.
– Nous allons revêtir nos scaphandres ?
– Pas encore. Nous irons en canot jusqu'à l'endroit où nous allons plonger et là, nous mettrons nos vêtements pour l'expédition sous-marine.

Nous allons sur la plate-forme où mes amis et cinq marins nous attendent.

Nous montons dans le canot qui se dirige vers le sud. Le capitaine Nemo fait bientôt signe de jeter l'ancre*.

– Nous voici arrivés, professeur, me dit-il. Revêtons nos scaphandres et commençons notre promenade.

Nous nous habillons et nous entrons dans l'eau avec l'aide des marins.

Puis nous commençons à marcher sur le sable fin en suivant le capitaine.

Nous trouvons ensuite des rochers couverts de toutes sortes de mollusques* que j'observe avec beaucoup d'intérêt. Puis nous atteignons enfin l'endroit où les huîtres* perlières se reproduisent par millions.

Pendant que j'examine ces huîtres, Ned en profite pour en mettre le plus possible dans un filet qu'il a apporté.

Mais nous devons poursuivre notre route.

Le capitaine nous conduit devant l'entrée d'une

immense grotte. Il y entre et nous le suivons. Mes yeux s'habituent vite à l'obscurité.

Nous descendons une pente[1]. Là, le capitaine Nemo s'arrête et nous montre un objet de la main.

Je m'approche et je découvre quelque chose de merveilleux : il s'agit d'une huître de dimension extraordinaire dont la largeur dépasse deux mètres.

Le capitaine connaissait son existence, de toute évidence.

Les deux valves[2] du mollusque sont entrouvertes[3]. Le capitaine s'approche et introduit son poignard entre les coquilles pour les empêcher de se refermer. C'est alors que je découvre une perle d'une grosseur égale à une noix de coco. Elle est superbe ! C'est un bijou d'une valeur incalculable. Emporté par la curiosité, j'étends la main pour la saisir mais le capitaine m'arrête et me fait un signe négatif. Il retire son poignard et les deux valves se referment rapidement.

La visite est terminée. Nous quittons la grotte et remontons la pente.

Nous marchons séparément, chacun admirant et observant différents éléments.

Dix minutes plus tard, le capitaine Nemo s'arrête et nous fait signe d'aller nous réfugier derrière des rochers.

À cinq mètres de moi, une ombre apparaît. Je

---

1. Pente : surface inclinée qui descend.
2. Valve : chaque partie de la coquille de certains mollusques.
3. Entrouvert : légèrement ouvert.

pense tout de suite à un requin mais je me trompe. Il s'agit d'un homme, un Indien, un pêcheur qui vient faire sa récolte de mollusques. J'aperçois le fond de son canot au-dessus de nous. Il plonge, remplit un sac de mollusques et remonte à la surface. Une pierre qu'il serre du pied tandis qu'une corde la rattache à son bateau lui permet de descendre plus rapidement au fond de la mer.

Il ne nous voit pas. L'ombre du rocher nous cache à ses yeux.

Je l'observe avec une grande attention quand tout à coup, alors qu'il est à genoux sur le sable en train de pêcher, je le vois changer d'expression. Il a l'air effrayé. Il se relève et prend son élan[1] pour remonter à la surface de l'eau.

Je comprends sa frayeur. Une ombre gigantesque apparaît au-dessus de lui. C'est un requin de grande taille qui s'avance en diagonale, l'œil en feu, les mâchoires ouvertes.

Je suis muet d'horreur. Incapable de faire un mouvement.

Le requin s'élance vers l'Indien qui l'évite de justesse en se jetant de côté.

Cette scène dure à peine quelques secondes. Le requin revient et, se retournant sur le dos, il se prépare à couper le pauvre homme en deux. C'est alors que

---

1. Prendre son élan : faire un mouvement rapide vers l'avant pour sauter, aller plus vite.

je sens le capitaine Nemo, qui est près de moi, se lever rapidement. Puis, son poignard à la main, il se précipite sur le monstre, prêt à lutter corps à corps avec lui.

Le requin, au moment où il va mordre l'Indien, aperçoit son nouvel adversaire et, se replaçant sur le ventre, il se dirige rapidement vers lui.

Le capitaine Nemo attend tranquillement l'énorme animal. Lorsque ce dernier se précipite sur lui, il évite le choc et lui plante son poignard dans le ventre. Mais tout n'est pas fini. Un terrible combat commence. L'homme et l'animal luttent corps à corps. Le courageux capitaine cherche à frapper son ennemi en plein cœur mais il n'y parvient pas.

Je veux courir au secours du capitaine mais je suis cloué par l'horreur et je ne peux pas bouger.

Le capitaine Nemo tombe soudain au sol, renversé par le monstre qui se précipite aussitôt sur lui, les mâchoires ouvertes. C'est alors que Ned lance son harpon et atteint l'animal en plein cœur.

Les eaux deviennent rouges. Quelques instants plus tard, l'animal est mort.

Ned aide le capitaine à se relever. Celui-ci se précipite vers l'Indien qui a perdu connaissance, coupe rapidement la corde qui le retient à sa pierre, le prend dans ses bras et le remonte à la surface.

Nous le suivons et arrivons près du canot du pêcheur. L'homme revient peu à peu à la vie. Il ouvre enfin les yeux. Sa surprise est grande quand il nous voit penchés sur lui.

Le capitaine Nemo sort alors de la poche de son vêtement un sac plein de perles, qu'il donne au pêcheur, puis il nous fait un signe et nous replongeons dans l'eau et regagnons notre canot.

Une fois débarrassés de nos scaphandres, la première parole du capitaine Nemo est pour Ned :

– Merci, maître Land. Et maintenant, au *Nautilus* !

À huit heures, nous sommes de retour à bord du sous-marin.

Là, je me remets à penser aux incidents de la journée, au courage et à la bonté du capitaine Nemo envers le pauvre pêcheur. Cet homme étrange et si froid a donc encore des sentiments. Je lui en fais la remarque et il me répond d'un ton un peu ému :

– Cet Indien, monsieur le professeur, est un habitant du pays des opprimés et je suis et serai toujours de ce pays-là.

CHAPITRE VII

PISTE 7

*L*E VOYAGE SE POURSUIT À TRAVERS LES MERS. Mes travaux avancent et j'ai commencé à écrire un livre sur le merveilleux monde sous-marin. Je supporte assez bien notre situation. Conseil aussi mais ce n'est pas le cas de Ned.

Nous sommes « prisonniers » à bord du *Nautilus* depuis 6 mois. Ned pense que cela peut continuer éternellement. Il est nerveux. Il ne pense qu'à s'enfuir. J'ai de longues conversations avec lui et j'essaie de lui faire prendre patience.

Un jour, il me redit son désir de partir. Je commence à penser comme lui car mon livre est presque terminé et j'aimerais qu'il soit un jour publié. Mais il faut attendre...

Le 20 avril, nous nous trouvons dans les mers chaudes des Antilles.

Ned, Conseil et moi, nous admirons de grandes roches recouvertes de hautes herbes par les vitres de la salle à manger du *Nautilus*.

Soudain, Ned attire mon attention sur un mouvement qui semble se produire entre les herbes.

– Ici, dis-je, il doit y avoir de véritables grottes à poulpes*. Il se peut qu'on voit un de ces monstres.

– De simples calmars*, des monstres ! fait Conseil.

– Ici, les poulpes sont de grande dimension, dis-je. J'ai entendu dire qu'ils peuvent entraîner des bateaux dans le fond de la mer... mais les herbes ne bougent plus, il n'y a rien, apparemment.

Nous continuons à parler ainsi des monstres marins tout en jetant de temps en temps un coup d'œil par les vitres.

Soudain, Ned s'écrie :

– L'épouvantable bête !

Je regarde à mon tour et mes yeux s'agrandissent d'horreur. Devant nous s'agite un calmar d'au moins huit mètres de long. Il marche à reculons très rapidement en direction du *Nautilus*. Parfois les ventouses[1] de ses tentacules s'appliquent sur les vitres de la salle à manger. Sa bouche s'ouvre et se referme verticalement.

L'animal semble irrité car sa couleur change rapidement, passant du gris au brun. Son irritation est sans doute causée par la présence du *Nautilus* sur lequel ses tentacules n'ont aucun pouvoir.

Je surmonte mon horreur et je profite de l'occasion pour examiner cet étrange animal. Je prends même une feuille et un crayon et je commence à le dessiner.

Bientôt, d'autres poulpes apparaissent. J'en compte sept.

Je continue mon travail. Ces monstres suivent le

---

1. Ventouse : organe d'aspiration de certains animaux.

Nautilus qui avance assez lentement.

Tout à coup, il s'arrête. Un choc se fait sentir et le sous-marin reste immobile.

Le capitaine Nemo entre alors dans la salle à manger. Sans nous dire un mot, il va observer les poulpes.

– Curieuse collection de poulpes, lui dis-je.

– En effet, monsieur le professeur, et nous allons les combattre corps à corps.

– Corps à corps ?

– Oui, monsieur. L'hélice* est arrêtée. Je crois que l'un de ces monstres l'a bloquée avec ses tentacules.

– Et qu'allez-vous faire ?

– Remonter à la surface et les tuer à la hache.

– Et au harpon, monsieur, dit le Canadien, si vous acceptez mon aide.

– Je l'accepte, maître Land.

– Nous vous accompagnons, dis-je.

Nous nous dirigeons vers l'escalier central. Là, une dizaine d'hommes, armés de haches, se tiennent prêts à combattre.

Conseil et moi, nous prenons une hache. Ned son harpon.

Le *Nautilus* est à la surface de l'eau. Un marin ouvre le panneau qui donne sur la plate-forme.

Aussitôt un long tentacule glisse comme un serpent dans l'ouverture. D'un coup de hache, le capitaine le coupe.

Deux autres tentacules entrent alors, saisissent un des marins et l'enlèvent.

Nemo pousse un cri et se précipite dehors. Nous le suivons tous.

Le malheureux marin crie à l'aide. Le capitaine Nemo se précipite sur le poulpe et lui coupe un autre tentacule. Nous nous mettons tous à nous battre férocement à coups de hache contre les monstres. Ned enfonce son harpon dans les yeux de ces animaux. C'est horrible ! Mais le malheureux marin ne parvient pas à se dégager. Le capitaine continue à attaquer le monstre. L'animal lance alors une colonne d'un liquide noir. Nous ne pouvons plus voir. Quand l'eau redevient normale, nous constatons que le poulpe a disparu, emportant le marin.

Soudain, je hurle de peur. Un poulpe ouvre son énorme bouche et va saisir Ned. Heureusement, le capitaine Nemo lui donne un coup de hache et Ned lui plante son harpon dans le cœur.

– C'était à mon tour de vous sauver la vie, dit le capitaine à Ned.

Ned s'incline sans lui répondre.

Ce combat dure un quart d'heure. Les monstres, vaincus, blessés, disparaissent dans l'eau.

Le capitaine Nemo, rouge de sang, reste un long moment sur la plate-forme à regarder la mer qui a tué l'un de ses compagnons. De grosses larmes coulent sur ses joues.

Aucun de nous n'oubliera jamais cette terrible scène du 20 avril.

Le lendemain, je la raconte dans mon livre. Je la lis

à Conseil et à Ned. Ils la trouvent intéressante mais ils pensent qu'elle manque de force. Il faut être un grand écrivain pour pouvoir la décrire.

Je ne vois pas le capitaine pendant quelques jours. La mort de son compagnon l'a, de toute évidence, empli de tristesse.

Le *Nautilus* a cependant repris sa route.

CHAPITRE VIII

PISTE 8

Nous sommes le 1ᵉʳ juin et nous nous trouvons près des côtes d'Europe. Depuis quelques jours, le *Nautilus* est immobile, à la surface de l'eau. On a l'impression qu'on attend quelque chose.

Le capitaine Nemo monte de temps en temps sur la plate-forme mais il n'échange pratiquement aucune parole avec personne. Il a l'air sombre[1].

Ce matin, je suis sur la plate-forme en train d'observer la mer et j'aperçois au loin un navire.

L'après-midi, je remonte sur la plate-forme avec mes compagnons et je constate que le navire s'est beaucoup rapproché de nous mais, chose étrange, le capitaine ne cherche pas à se cacher.

Je demande à Ned :

– À votre avis, quel est ce navire ? D'où vient-il ?

– Je ne sais pas, répond Ned, il n'a pas de drapeau mais j'ai l'impression que c'est un navire de guerre.

Tout à coup, j'entends une détonation[2] et quelque chose de lourd tombe dans l'eau, assez près de nous.

---

1. Sombre : triste et inquiet.
2. Détonation : bruit violent de quelque chose qui explose.

– Comment ? dis-je, ils tirent sur nous !

On entend une autre détonation.

Le capitaine apparaît sur la plate-forme. Il a l'air féroce.

À ce moment, un boulet[1] frappe le *Nautilus*. Le capitaine redescend dans le sous-marin et revient bientôt avec un drapeau noir qu'il place à l'avant du *Nautilus*.

– Descendez, me dit-il, vous et vos compagnons.

– Monsieur, vous n'allez pas attaquer ce navire ?

– Non, je vais le couler. Descendez, je vous prie.

– Mais, capitaine, pourquoi faites-vous cela ?

Alors, d'une voix pleine de haine, le capitaine Nemo s'écrie :

– C'est à cause de lui que j'ai perdu tout ce que j'aimais : femme, enfants, père, mère, patrie. Tout ce que je déteste est là. Taisez-vous et descendez !

Nous descendons sans rien dire.

Le soir vient. Il ne se passe rien. Je ne peux pas dormir de toute la nuit.

À cinq heures, j'entends de nouveau des détonations, de plus en plus proches.

C'est alors que je sens que le *Nautilus* s'immerge sous l'eau.

Quelques instants plus tard, je pousse un cri. Un choc terrible vient de se produire et je sens que la

---

1. Boulet : grosse boule de métal que lançaient les canons, avant, pour attaquer.

vitesse du sous-marin augmente. J'entends des craquements horribles.

Fou d'angoisse, je cours dans la salle à manger voir ce qui se passe.

Le capitaine Nemo est là. Muet, sombre, il regarde par la vitre.

Une masse énorme entre dans l'eau. Le *Nautilus* vient de percer la coque* du navire qui est en train de couler. Je vois alors les malheureux marins chercher à remonter à la surface, chercher à se sauver.

C'est un spectacle horrible, effrayant.

Paralysé d'angoisse, je ne peux détacher mes yeux de la vitre et je regarde horrifié cette scène monstrueuse.

L'énorme navire s'enfonce lentement. Le *Nautilus* observe tous ses mouvements.

Tout à coup, on entend une explosion. C'est fini !

Je me retourne vers le capitaine Nemo, cet homme si dur qui regarde froidement l'horreur qu'il vient de provoquer.

Il sort de la pièce et se dirige vers sa chambre. Il ouvre la porte et entre. Je le suis et regarde.

Sur le mur du fond, je vois le portrait d'une jeune femme et de deux petits enfants. Le capitaine Nemo les regarde pendant quelques instants, leur tend les bras puis il tombe à genoux et se met à pleurer.

CHAPITRE IX

PISTE 9

JE RENTRE DANS MA CHAMBRE où Ned et Conseil se tiennent silencieux. J'éprouve une véritable horreur pour le capitaine Nemo. Il a dû souffrir, c'est certain, mais il n'a pas le droit d'agir ainsi.

Maintenant, je le sais, je veux vraiment m'enfuir et je le dis à mes amis.

Le *Nautilus* a repris sa route et parcourt un long trajet.

J'évite le capitaine. Je dors peu et ne mange presque rien.

Ce matin, le *Nautilus* est remonté à la surface. Nous voyons des terres au loin depuis la plate-forme.

Je parle avec Conseil et Ned. Nous avons décidé de profiter de cette circonstance pour prendre le canot et nous enfuir le soir même.

Nous prenons rendez-vous pour dix heures du soir, près du canot.

Je passe ma journée à revoir toutes les merveilles que j'ai découvertes sur le *Nautilus*.

À huit heures du soir, je mets de solides vêtements de mer. Je rassemble mes notes et les glisse dans mes vêtements. Mon cœur bat très fort.

À dix heures moins le quart, je sors de ma

chambre. Alors que je passe près de la bibliothèque, j'entends le capitaine jouer de l'orgue. Une mélodie triste et mélancolique. Puis, soudain, j'entends le capitaine pousser un profond soupir et s'écrier d'une voix lamentable :

– Assez ! Assez !

Est-ce le remords[1] ?

Je cours vers l'escalier et j'arrive au canot où m'attendent mes amis.

Soudain, on entend des cris à l'intérieur du sous-marin. Qu'y a-t-il ? On s'est aperçu de notre fuite ? Je sens Ned qui me glisse un poignard dans la main.

– Oui, dis-je, nous saurons mourir.

Mais on entend alors un mot effrayant qui est la cause de l'agitation qui se fait dans le *Nautilus*.

– Maelström[2] ! Maelström ! répète alors Ned, l'air effrayé.

Le *Nautilus* vient d'entrer dans ce tourbillon et le canot avec lui. Quelle situation ! Nous sommes ballotés[3] de tout côté.

– Il faut tenir bon, dit Ned. Nous sommes encore attachés au *Nautilus*, en restant ainsi...

Mais il ne peut pas finir sa phrase. Le canot, arraché du sous-marin, est lancé dans le tourbillon.

---

1. Remords : tristesse et malaise que l'on ressent après avoir fait une mauvaise action.
2. Maelström : gigantesque tourbillon.
3. Être ballotté : être secoué dans un sens et dans un autre.

Ma tête vient frapper contre le bord du canot et je perds connaissance.

Quand je reviens à moi, je suis couché dans une cabane de pêcheurs, en Norvège. Mes deux compagnons sont sains et saufs et se trouvent près de moi. Nous nous embrassons.

Nous allons attendre maintenant un bateau pour regagner la France.

J'ai mes notes avec moi et je vais pouvoir publier mon livre et poursuivre mes recherches. Me croira-t-on ? Je l'ignore et pourtant tout ce que je dis est vrai.

Mais qu'est devenu le *Nautilus* ? A-t-il résisté au tourbillon ?

Je l'espère. Et si le *Nautilus* poursuit sa route et si le capitaine Nemo habite toujours dans les océans, j'espère que la haine va s'apaiser dans son cœur. Que la contemplation de tant de merveilles qui peuplent les mers puisse à jamais éteindre en lui son esprit de vengeance !

La navigation

Ancre : grosse pièce d'acier fixée à une chaîne que l'on jette à l'eau pour retenir un bateau.

Bâbord : côté gauche d'un bateau quand on regarde vers l'avant.

Barque : petit bateau qu'on fait avancer avec des rames.

Bastingage : barrière qui est placée le long du pont d'un bateau.

Cabine : chambre dans un bateau.

Canot : petit bateau léger.

Capitaine : chef d'un bateau.

Commandant : officier qui commande un navire.

Coque : fond extérieur d'un bateau.

Équipage : ensemble des marins d'un navire.

Gouvernail : appareil qui sert à diriger un bateau.

Hélice : appareil qui tourne et permet de faire avancer un bateau.

Marin : personne qui navigue sur un bateau.

Marine : ensemble des navires (de commerce et de guerre), flotte d'un pays.

Navire : grand bateau construit pour transporter des hommes et des marchandises.

Pont : plancher qui recouvre la coque d'un bateau.

Tribord : côté droit d'un bateau quand on regarde vers l'avant.

La faune marine

Araignée de mer : gros crabe qui ressemble à une araignée.

Baleine : très grand mammifère qui vit dans la mer.

Calmar : mollusque marin dont la tête est entourée de huit bras et de deux tentacules.

Cétacé : animal marin qui ressemble à un poisson mais qui est un mammifère (baleine, dauphin...)

Coquillage : animal marin dont le corps est protégé par une coquille.

Huître : mollusque marin qui produit des perles.

Loutre de mer : animal brun qui a des pattes palmées et qui se nourrit de coquillages et de poissons.

Mollusque : animal au corps mou qui est souvent recouvert d'une coquille.

Narval : grand mammifère des mers arctiques qui porte une longue défense.

Poulpe : animal marin qui a huit tentacules avec des ventouses.

Requin : très grand poisson puissant et dangereux.

ACTIVITÉS

1) Chercher l'intrus dans les séries suivantes.

sous-marin - navire - canot - barque - vélo
baleine - requin - algue - narval - poulpe
montagne - rocher - mer - sable - plage
marin - requin - serviteur - professeur - pêcheur

2) Mettre ces mots dans l'ordre pour retrouver le nom de cinq animaux qui vivent dans la mer.

a) leniabe
b) turhie
c) polupe
d) querni
e) quelolmus

3) Donner le nom qui correspond à la définition.

1) Petite boule, formée par certains mollusques, dont on fait des bijoux.

2) Morceau de tissu fixé sur un bâton qui porte les couleurs du pays qu'il représente.

3) Instrument qui sert à couper les arbres.

4) Être particulièrement effrayant.

4) Choisir la bonne réponse.

Pierre Aronnax est professeur au Muséum de :
❒ Londres
❒ New York
❒ Paris

Ned Land est :
❒ norvégien
❒ canadien
❒ belge

La bibliothèque du *Nautilus* contient :
❒ 5000 livres
❒ 12000 livres
❒ 15000 livres

Le capitaine Nemo joue :
- ❏ de l'orgue
- ❏ du violon
- ❏ du piano

Conseil attrape facilement l'oiseau du paradis parce qu'il est :
- ❏ blessé
- ❏ ivre
- ❏ jeune

1) vélo - algue - montagne - requin
2) a) baleine b) huître c) poulpe d) requin e) mollusque
3) 1) perle 2) drapeau 3) hache 4) monstre
4) Paris ; canadien ; 12000 ; de l'orgue ; ivre

Édition : BFM
Couverture : Fernando San Martin
Couverture, crédit photo : Swissada / Fotolia
Illustrations : Conrado Giusti
p. 3 : Coll. Archives Larbor

N° de projet : 10230731 - Dépôt légal : mars 2017
Imprimé en France en mars 2017 par la Nouvelle Imprimerie Laballery - N° 703113